AF607094
AVERSO

19 PUNTOS SUSPENSIVOS

JAVIER CASADO

Número 28 de la Colección **PERVERSA**

19 puntos suspensivos

Edición al cuidado de Averso Poesía
www.aversopoesia.com

hola@aversopoesia.com

Primera edición: marzo de 2024
ISBN: 978-84-10027-22-0
Depósito Legal: GR 287-2024

Impreso en España - *Printed in Spain*

El papel utilizado para la impresión de este libro está calificado como papel ecológico y procede de bosques gestionados de manera sostenible.

19 PUNTOS SUSPENSIVOS

JAVIER CASADO

[6/6/23, 14:08:31]

Yo, y mis 19 puntos suspensivos,
te conminamos
en este contrato inverosímil,
a que abandones este poema de inmediato.
Si sigues por este camino,
te vamos a engañar, defraudar y timar
o las siete cosas a la vez.

Te puedes encontrar:
será que
sigo siendo tu herida.
O darte de bruces con:
me he cepillado los ojos
con los ojos
de un cepillo de dientes roto.

Que no te embauquen.
Robo palabras a los muertos
y te las muestro como originales.
Soy un cleptómano semántico.
Tergiversaré tu sueño,
te impediré dormir.
Todo porque has seguido lee que lee.

Este poema
se apellida ripio
y se llama etcétera.
Solo puede escucharse
aunque tú lo leas ahora.

Mira que mira
que ni quiero que rime.

Haznos caso,
huye de aquí.
Busca un divertimento decente,
cásate, enviúdate, sé infiel,
alquila un divorcio o tres
o suicídate cada vez
que resucites al tercer día.

Haz algo de provecho, joder.
Mata al editor de poesía
que se atrevió a publicar
este óxido venenoso
en unos renglones cortos.
Acomódate en el libro de Planeta
que te regalaron y que está por empezar.

Te hemos avisado, lector, *mon frère*.
Luego no se admiten
ni quejas ni devoluciones.
Puede que, incluso, te lleves la contraria
y acabes leyendo enterito
un libro de poemas. Como este.
Comenzamos.

1. [25/5/23, 10:30:05]

Follar
se escribe con hache.
Es una hache huérfana
alguien que por fin lo adoptan.
De habitación de hotel hueca,
con una hache de hospital
que desenferma pandemias.

Follar
se escribe con hache.
Es una hache de mi hocico
en tu hocico húmedo,
de huelga de las huelgas
de todas las herrumbres heridas,
de todas las caricias, arañazos y mordiscos.

Follar
se escribe con hache.
Es una hache que lleva hambre y sed
de hambruna hambrienta.
Con hache de harto
de no estar harto,
porque no logro saciarme de ti.

Follar
se escribe con hache.
Es una hache de historia
que hiberno e invento
al final de cada hilera

en el borde de la cama
que sigue aún deshecha.

Follar
se escribe con hache.
Es una hache de hipnosis,
haz de luz que me mantiene en trance.
Es la hache de tu hangar,
donde habita,
atraca y se refugia mi velero.

Follar
se escribe con hache.
Es una hache de hiato
que se busca, se encuentra
y se transforma,
contra toda gramática,
en un inesperado diptongo.

Follar
se escribe con hache.
Con hache intercalada,
con hache muda,
con hache antes y después
de varios signos de admiración,
que son todos nuestros gemidos.

2. [2/12/22, 9:47:11]

Yo la trato de usted
y la llamo, educadamente,
señora.
A pesar de ser
un nombre propio,
siempre lo pronuncio
en minúscula.

Vino conmigo
cuando me mudé
a esta casa que soy.
Mi mujer y mis hijos toleran,
cada uno a su modo,
la forma peculiar
que destila.

No le gusta compartir
vida familiar con nosotros.
Se recluye en su cuarto
donde se ocupa
de la limpieza y el orden
de viejas ideas,
de cosas importantes que guardar.

Hay días que se hace notar
y altera el orden cotidiano.
No sabemos muy bien los motivos.
Después vuelve
como si nada hubiera ocurrido

a su mutismo
y a su habitación.

Quise darle de alta
en la Seguridad Social
y establecer algún tipo
de relación contractual,
pero se negó
a firmar los papeles
y a percibir un salario.

Esta semana
se ha dejado ver
más veces.
Ha salido furiosa del cuarto
como si la televisión
estuviera muy alta
y saliera a quejarse.

Hoy me ha pedido
que la nombre,
que haga pública
su presencia.
Su anonimato invisible
se convierte así
en la raíz de este poema.

3. [15/3/23, 9:25:54]

Estoy ausente, apagado
y fuera de cobertura.
Mi cuerpo me contradice.
Madrugo sin discutir con el despertador.
Enciendo el portátil,
meto la contraseña imposible
y empiezo el día con los ojos mudos.

Pero no estoy,
o no me he levantado del todo,
o ando sin caminar,
o dejo el control de la nave
al piloto automático,
o me hallo en otro universo
que mi parte física desconoce.

Intuyo las razones.
Transito con los huesos
cargadas de bolsas.
Viajo en una onda
en mitad de ninguna parte.
Soy Sísifo que no recuerda
por qué sigue empujando la estúpida piedra.

La respuesta es traicionera.
Depende mucho más
de las reservas de víveres
que de la razón.

Que sea afirmativa o negativa
no me hace seguir
ni abortar el viaje.

A veces me embarga
en todos sus significados,
una tristeza que digiero
con cierta resignación.
Sé que viene y va,
que se auto invita
y me deja la despensa vacía.

Los años me han enseñado
a relativizar con calma
estas bajadas y subidas de ánimo.
He descubierto dos cosas:
que no siempre
la causa es un agente externo
y que si las escribo se diluyen.

Es complicado vivir conmigo.
Explicarlo en un poema
es una forma práctica
de hacerlo más sencillo.
Saber que estás cerca y que lo bebes
allana el camino, sin duda.
Despeja la mayoría de mis incógnitas.

4. [9/11/22, 12:31:05]

Incluso yo, una criatura no humana,
tengo un laberinto en el sótano
con varios cadáveres anónimos
que aún sigo alimentando.
A pocas personas les permito la entrada
para que deambulen libremente por él.
Hoy tú eres una de ellas. De nada.

La mayoría de las veces
las visitas se acomodan
en las estancias
superiores de la casa,
lugares frescos y cómodos,
donde hay luz, bebida,
literatura y conversación.

Allí, como actor de farándula,
interpreto a un comediante,
un amable y atento bufón.
La gente la he educado bien,
y por hábito y costumbre,
se descalza de sus problemas
para entrar a mi cabeza.

A veces el laberinto
expande su territorio sin mi permiso.
Crece, se estira, devora territorio.
Trato de contenerlo
sin buscar ni inocentes ni culpables.

Se advierte a la guardia de la frontera
para que le intercepten.

El cometido de la guardia de la noche
es desactivar cualquier intento
de golpe de estado.
Que la ira
galope furiosa
no implica permitir
que entre en palacio.

Trato de comprenderme.
Las oportunidades
no las gasto
todas de golpe.
Siempre guardo
una de repuesto
para uso privado.

Tampoco me crucifico del todo.
Me perdono si me hago trampas.
La casa es grande
y tiene muchas
puertas que guardar.
Procuro no ser rehén, ni verdugo,
ni cómplice, solo testigo de mi locura.

5. [12/1/23, 12:19:41]

1. Enciendo el móvil.
2. Abro WhatsApp.
3. Anoto una idea.
4. Le acomodo un verso.
5. Fijo un inicio.
6. Marco un destino.
7. Cuento siete.

8. Empiezo la segunda estrofa.
9. Presento al personaje.
10. Hace algo. Crece.
11. Saco un segundo actor.
12. Piensan rápido.
13. Interactúan.
14. Cuento siete.

15. La historia avanza.
16. Se aman o se odian.
17. Se conocen.
18. Se desgastan a besos.
19. Se hastían uno del otro.
20. Sufren en su escenario.
21. Cuento siete.

22. La historia se frena.
23. Buceo en él.
24. Presiento sus golpes.
25. Intuyo sus abismos.
26. Quema su desierto.

27. Extraigo su corazón.
28. Cuento siete.

29. Me voy con ella.
30. Pienso en femenino.
31. Mimetizo su emoción.
32. Me cala su amígdala.
33. Nos desbordamos juntos.
34. Abandono su silencio.
35. Cuento siete.

36. Llego a la sexta estrofa.
37. Desarrollo el clímax.
38. No siempre gano.
39. No siempre pierdo.
40. Alejo la cámara.
41. Hago un lento *travelling*.
42. Cuento siete.

43. Cierro el relato.
44. Lo reenvío a varios chats.
45. Me hago miniatura.
46. Me grabo.
47. Me desaturo.
48. Abro Instagram.
49. Cuento siete.

6. [14/11/22, 11:38:46]

Soy ese niño mutante
que no termino
de reconocer del todo.
Fabrico manuales de vida,
instrucciones
que no suelen
cumplir las expectativas.

Estudio los fallos,
realizo simulacros,
cuestiono el método,
introduzco mejoras,
suavizo los adjetivos,
pulo las aristas
de los adverbios.

Sé que el sistema
es revisable,
que la mejora
es continúa
e imperfecta,
inacabada
por definición.

Pero cuando no carburo,
cuando me gripo,
siempre pido
el libro de reclamaciones.

Y las reglas escritas
no saben muy bien
qué responderme.

El sistema plantea
como solución
a mi forma de vivir
el viejo chiste informático.
Apaga la máquina
y reinicia.
Y en eso estoy.

Reiniciándome.
No sé si mi poema
te desvalijará la casa
o te devolverá con creces
todo aquello
que te cogió prestado
y que nunca quiso quedarse.

Tampoco me importa.
No tengo claro quién interpreta
el papel de Robin Hood.
Miro al niño mutante.
Se encoge de hombros
y me exhorta con la mirada.
Sigue.

7. [4/12/22, 12:42:46]

Escribir heptaedros,
heptasílabos rojos,
amarillos y azules,
escalados en grises,
encalados de blanco,
disfrazados de verde,
bendecidos de luto.

Escribir seis más uno,
estribillos impares,
pentagramas con dos
líneas que te sobran,
argamasas de barro,
primaveras con nieve,
invernales estíos.

Escribir otra estrofa,
rebanadas de versos,
peticiones cumplidas,
autopista en peaje,
la canción olvidada
en un viejo ropero,
encontrada en su sitio.

Escribar imitando,
practicar imitando,
trabajar imitando,
estudiar imitando,
ensayar imitando,

calentar imitando,
imitar imitando.

Escribir al contado,
contador del oficio,
ejercicio medido,
medidor midiendo,
un error, un acierto,
sumatorio de sietes
entre siete por siete.

Escribir sin permiso,
sin disculpas ni tema,
en trinchera cerrada,
entre versos sin blanca,
negra, negra, un golpe,
negra, golpe, corchea,
ritmo de dentro, ritmo.

Escribir por encargo,
escribir por escrito,
escribir con la regla,
escribir en el margen,
escribir con acentos,
escribir con los dedos,
escribir siete sietes.

8. [13/12/22, 13:38:08]

Este formato digital
transmite poemas,
letras que reptan
entre ceros y unos.
Sirve para que lleves
algo de alimento
siempre en los bolsillos.

No caduca.
No te pide un aplauso.
No te recrimina
si la engañas,
no se siente ultrajada
si te quedas con el ensayo,
si prefieres la prosa.

Su forma no puede
arrinconarse
ni verse extrusionada
en un viejo volumen como este,
o en tres baldas
de una librería
cualquiera.

Su consumo
nos sintetiza, nos cura,
nos solivianta,
nos enamora,
nos divierte,

nos insta a estar en desacuerdo
con nosotros mismos.

Te agarrará
con violencia de la solapa
y zarandeará
hasta hacerte reaccionar.
O acariciará cada cicatriz
por la que tu amante
te pregunte.

Será consuelo,
antídoto, droga,
cocktail molotov pacífico,
protesta social,
queja política,
fiel acompañante,
perro lazarillo.

Te dirá…
Todo termina pasando
hasta la lluvia sin control,
todo acaba bien.
Exploraremos
al final de esta farsa,
todos los rincones
de tu cama.

9. [7/12/22, 12:34:14]

Se divorciaron
tres veces.
La primera fue
una herencia mal repartida,
duelos con pistola
que hirió de muerte
al primer matrimonio.

Los cascotes
de aquel suceso
se convirtieron
en lava petrificada.
Fue montaña que precisaba
un rodeo o un túnel
para volver al mismo sitio.

El segundo divorcio
fue pasajero
pero no por ello
de menor gravedad.
Tuvo una prórroga extenuante.
Su resultado se decidió
en los penaltis.

El regreso fue lento
y progresivo.
La precaución
fue la norma
y seguridad

de los principales recursos,
una norma no escrita.

El tercer divorcio
dicen que fue
el más doloroso
de los tres.
Se produce mañana
o al año que viene
y tiene carácter definitivo.

Los testigos afirman
que el matrimonio irá
al juzgado
con aire divisible.
Repartirán culpas,
responsabilidades
en proporciones parecidas.

No he verificado la verdad
o la impostura
de esta historia.
Me la enseñaron así.
Solo soy responsable
de su traducción
en renglones torcidos.

10. [3/3/23, 10:48:50]

Me desconozco.
Me suple un extraño
que dice ser yo,
que camina con mi ritmo,
que lleva mi ropa,
que besa a mis seres queridos.
Es un suplente que me interpreta.

No sé quién es.
Simplemente es alguien
que sale de mis ojos
y arrasa ciudades.
Es Atila en su elefante
destruyendo sin medida
cada poblado que pisa.

Apagada su terrible sed,
veo cómo el impostor
apacigua al elefante
mientras le baña
con mimo y paciencia,
como si comprendiera
lo que le ha obligado a hacer.

Las batallas del otro
no son La Guerra de los Cien Años,
aunque sí lo parecen.
Después, mucho o poco después,
el espejo me devuelve

el control de la *Enterprise*
para hacer inventario de daños.

Preocupo,
y con razón,
a familiares y a amigos.
Ondeo
la bandera blanca
para permitir la entrada
de ayuda humanitaria.

Los ciclones,
los maremotos en tierra
y los otros que soy
no entienden de disculpas.
Llegan, arrasan, dejan yermo
cada centímetro de tierra
y se van sin rendir cuentas.

Me desconozco.
Me falta mucho camino
para entenderme,
para saber quién me habita.
Cada día me pregunto
si hoy seré yo y solo yo
o si me reemplazará un doble.

11. [29/12/23, 10:33:05]

Ciérrate, Sésamo.
Te dejo dentro
mi traje de alambre,
mi educación torpe,
mis hábitos de óxido,
mi café con sal
que desprestigia propósitos.

Ciérrate, Sésamo.
Guárdame en tu cueva
todo mi ego herido,
todo mi silencio ciego
que muerde de rabia,
todo mi veneno
que había almacenado.

Ciérrate, Sésamo.
Te vendo a coste cero
esa idea equivocada
que tengo de mí
y que tanto me mata.
Si vuelvo a por ella,
dime que la has extraviado.

Ciérrate, Sésamo.
Cambia la contraseña
de la entrada
y no me comuniques la nueva.

Establece un buzón
que permita la devolución anónima
sin pasar por caja.

Ciérrate, Sésamo.
Llévate toda mi literatura
y no la dejes
al alcance de los niños.
Si un desconocido
pregunta por mí,
dile que no me conoces.

Ciérrate, Sésamo.
Olvido en tu puerta
todas las criaturas
de la noche
que nunca fui.
Quiero agenciarme
otros nombres.

Ábrete, Sésamo.
Mis poemas en la boca de otro
sonarán como si fueran
de una madre diferente.
Calienta saber
que ojalá encajan mis sílabas
entre tus respiraciones.

12. [7/3/23, 16:52:32]

Aunque tengo las palabras
calentando en la banda,
todas ellas calzadas,
estirando los sustantivos,
a punto de despojarse del chándal
y salir al quite,
prefiero escribir silencios.

Fabrico puntos, todos suspensivos,
cortados y hechos a mano,
invisibles a cualquier primer vistazo.
Lo que no digo
permanece tranquilo en su rincón.
Siempre se da por aludido
sin que su rostro quede comprometido.

Zurzo y remiendo elipsis.
Las coloco con disimulo,
como huérfanas de padre y madre.
Son diálogos
que no conversan con nadie.
Completan
todas las frases que lees.

Visto de un color callado
los molestos ruidos
que entorpecen
cada verso que imagino.

Se trata de facilitarte la lectura,
de entender sin distracciones,
de acercarte significados.

No trato de engañarte
o de confundirte.
No está en mi naturaleza
ninguna de las dos.
Solo digo
que trabajo con el silencio
como herramienta de escritura.

Lo que omito,
lo que te digo sin decir,
no oculta
ni esconde
ni tapona nada
porque esté lleno
su espacio.

Está presente
al lado de mis sujetos,
entre mis verbos
y mis predicados.
Hablo con mi silencio
porque lo necesito,
porque me gusta su voz.

13. [12/12/22, 9:08:29]

Me identifico
con la tabla del uno.
Pienso en lo que ofrece.
No modifica
ni quita ni añade
ni revaloriza nada.
No me engaña.

Se parece a un espejo.
Refleja lo mismo
por el que se multiplica.
Ya seas uno,
dos, tres, cinco,
ocho o nueve,
devuelve lo que se le entrega.

Si me siento uno,
valgo justamente eso.
Ni un gramo menos
ni un kilómetro más.
Si el día me acerca a un siete,
automáticamente
cotizo a ese valor.

Según quién se aproxime
me multiplico
por dos, por cuatro,
por seis, por ocho.

Me siento par
y no preciso mucho más
para seguir camino.

Si la semana
te presenta
un tres, un cinco,
un siete o un nueve
me vestiré de impar.
No torceré el gesto.
Aceptaré lo que me ofrezca.

Procuro con cuidado
que no se aproxime
nadie cuyo valor
sea cero o menos.
Es el único caso
donde matemáticamente
me infravaloro.

Mi valor es uno.
Parecerá poco. No es así.
Me recuerda
que no soy más
ni menos de lo que soy.
Y que me multiplico
siempre que hay alguien cerca.

14. [23/1/23, 15:57:43]

Hay una voz.
No diré que es pequeña o grande
ya que no sé su tamaño.
Es perfectamente audible.
Pero no veo nadie a mi alrededor.
Es posible
que viva en mi cabeza.

No es ni masculina
ni femenina ni neutra.
Tampoco identifico
la tonalidad o el timbre.
Si es grave, aguda,
de bajo o de contralto
me resulta complicado asegurarlo.

Lo que sí tengo claro
es que es una voz.
Desgrana su letanía
por encima de un susurro
y mucho más amable,
al menos en el tono,
que un grito.

Siempre está a mi derecha,
desde que me levanto
hasta que me duermo.
No siempre me cuestiona
aunque tampoco está

del todo de acuerdo
con lo que digo o hago.

A veces me habla
en un claro élfico,
en tono mayor,
en una armonía perfecta.
Otras sisea
en la lengua oscura
que aquí no repetiré.

La voz, siempre en singular,
no enmudece ni se extingue.
Solo se atenúa.
Me distraigo y puedo engañarme
pensando que ya no está,
que se ha cogido un permiso.
Pero solo es eso, un engaño.

De vez en cuando
le agrada ver
que le dedico un poema.
Lo hago para testificar.
Si me hablas desde su lado
y no te contesto, no te molestes.
La voz ha ocupado la línea.

15. [24/1/23, 21:40:01]

Me cuesta traducirte.
Es más que probable
que me falten estudios,
costumbre o habilidad.
Vienes con instrucciones
que no están escritas
en mi idioma.

Te encuentro
sin garantía alguna,
sin posibilidad de devolución,
sin manual de uso,
sin adiestramiento previo,
sin aprendizaje reglado,
sin enseñanza obligatoria.

Es una cuestión pragmática.
No preciso doctorarme
para colaborar conjuntamente.
Solo quiero tolerarte
lo justo y necesario
y continuar el viaje común
sin pensar demasiado en ti.

Prefiero simplificar
cualquier problema.
Es una medida preventiva
que favorece mi salud.

Evito que me suba
el colesterol si logro
no discutirte.

Podré parecerte
pusilánime.
No te inquietes,
no me ofendo.
He aprendido
a no desgastarme
con estas cosas.

Aprendí por las malas
qué suma, qué resta,
quién me multiplica
y quién me divide.
Y con ello, sabiéndolo,
arranco cada día,
tiro millas y funciono.

Hagamos una cosa.
Yo me quedo en mi trinchera
y tú en tu zona geográfica.
No hace falta quedar a comer.
Me mandas un mensaje de humo
y te contesto, sin falta,
después de la publicidad.

16. [6/12/22, 12:24:16]

Es una caja sellada
magnéticamente.
Se ha diseñado
sin cerradura alguna.
Dicho artefacto irregular
se ha encofrado
dos veces.

El bloque generado
se almacena
en una caja fuerte
de titanio con siete llaves.
Posee una combinación
de 49 caracteres aleatorios.
Cambian cada día.

Esta se almacena
en un contenedor
de un carguero
que recala en la costa
oriental africana.
Su destino
es una aeronave.

Se traslada el pedido
a una frontera inespecífica
de *Wakanda*.
La caja magnética,
encofrada dos veces,

situada en una caja fuerte de titanio,
se envuelve en *vibranium*.

Se custodia el envío.
Se sumerge
cerca de la frontera fluvial,
a una profundidad
indeterminada
dentro de una cueva submarina
de coordenadas ignotas.

El acceso
a la cueva
está vigilado
por cuatro criaturas marinas
altamente adiestradas
para tal finalidad y cometido.
Disparan a matar.

Allí te he guardado,
a ti y a tus cosas.
Mi terapeuta opina
que no puedo esconderte
ni blindarte sin más.
Que extraiga la emoción.
Disiento.

17. [16/1/23, 10:11:55]

Entendiendo los motivos
del conejo blanco
tras el que va Alicia,
he decidido
dejar de perseguirlo.
Dejo que corra solo
tarde siempre a cualquier sitio.

Es más que probable
que esta decisión no sea
lo que la sociedad o mi empresa
me demande.
Voy a respirarme
con más calma.
Quiero frenarme.

Necesito tiempo para contar
el número de respiraciones
que preciso para poder vivir
más lentamente.
Me sitúo a la derecha
para no entorpecer otras prisas.
Enciendo las luces emergencia.

No es ser vago ni débil
ni ninguna mentira alternativa
que me venda el mercado.
Es parar, descansar sin más
en el área de servicio.

Sin concesiones, sin disculpas,
hasta nueva orden.

No hago apología
de ninguna clase de pereza.
No aconsejo
ni soy gurú de nada
ni de nadie.
No me cotizo
en nada cotizable.

Solo digo
que me voy a cocinar
a fuego lento.
Que si tengo que arder
lo haré a mi propia temperatura
el tiempo que yo
estime necesario.

No pido comprensión,
ni permiso ni disculpas.
No busco que se refrende
en ninguna opinión
o referéndum vinculante.
Solo es un anuncio por sílabas.
Estoy en barbecho hasta nuevo aviso.

18. [21/1/23, 23:18:11]

Está cansada Penélope.
Hilvana por el día
y deshilvana de noche.
En su telar telegrafía
un mensaje invisible
que Ulises, si llega a leerlo,
nunca contesta.

Al día siguiente,
la labor se reanuda.
Teje con paciencia
lo que sabe que debe deshacer
cuando se oculte el sol.
Debería desistir
pero no sabe cómo.

Se conforma con un guiño,
con una sonrisa ambigua
de un dibujo infantil.
Pero siempre obtiene
el mismo estrepitoso silencio.
Ulises sigue en Ítaca
atareado en otras empresas.

Penélope escribe cartas
que se envía a ella misma.
Aprende a no torcer el gesto,
a que no le duela
lo que en el fondo,

sin saber por qué,
le duele.

Penélope cambia
pero sigue cometiendo
los mismos errores.
Está despierta
pero un cansancio persistente
le produce un insomnio
que lo cura con trabajo.

Siempre que concluye
su tarea por escrito,
lo muestra a nadie
que se siente orgulloso.
Ese nadie le devuelve
todos sus nadas
en ningún gesto.

Penélope está cansada.
No espera a Ulises
perdido sin remedio
en Ítaca.
Ya no le escribe
ni le envía mensajes.
Procura que no se le note.

19. [16/1/23, 13:14:29]

Cuando no tenga nada que decir,
dejaré de hablar por escrito.
Lo digo tranquilo.
Cuando me acabe, me acabaré.
No montaré ninguna escena.
No habrá drama representable.
Lo aceptaré con deportividad.

Todos los que construimos
algo desde cero,
nos aterra vaciarnos
y no lograr volver
a llenar el vaso.
Nos pasa a todos
más pronto que tarde.

Crear es un ser vivo
que nace, crece,
se hace adulto,
gruñe, envejece,
se hace más lento y menos ágil.
Y siempre, al final,
hace mutis por el foro.

No somos un manantial
de cauce inagotable.
Nuestras ideas se extinguen
como cualquier animal vivo.

El arte, el talento
o el simple trabajo ordinario
no nos renueva el contrato de alquiler.

Las palabras que fui
seguirán estando.
Incluso podría ser testigo
de mi propia mudez.
Las nuevas, otras más jóvenes
las inventarán aquellos
que aún no han nacido.

Cederé el testigo.
Alguien ocupará
mi puesto en la fábrica.
Me jubilaré mientras otros remeros
más altos, más guapos,
más talentosos, con más ínfulas
se afanarán escribiendo.

Mientras eso llegue,
yo seguiré a lo mío,
dándole a la tecla,
verso a verso,
metáfora a metáfora.
Quiero comprobar si puedo
contradecir a este poema.

ÍNDICE

Este libro se terminó de editar en Granada
en marzo de 2024 por

www.aversopoesia.com
hola@aversopoesia.com